I0021728

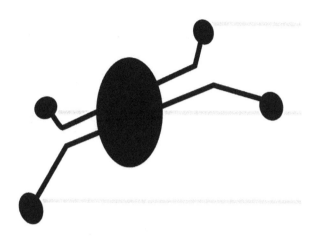

Futuros libros de Codey.B
por R.A. Güembes

Codey-B y El Experimento de Henry

Codey-B y Las Chicas que Codifican

Codey-B y Los Viajeros del Tiempo

Codey-B y Los Asistentes de Sonido

Codey-B y La Tierra Roja

CODEY  B

Y EL **CÓDIGO PYTHON** >

por R.A. Güembes

>CODEY-B

PRIMER_DIARIO_001

~
~
~

¿Por qué codificar?
¿Por qué inteligencia artificial?

Para enseñarle a mis
Robots a que aprendan,
para mejorar yo mismo
y compartir una
vida feliz.

"¡¡¡Feeeeeeeeeeliz!!!"

_Dedicado a aquellos curiosos del mundo. Toma acción y escribe tu (vida) código!

_Gracias a ustedes Co-creadores Jacob y Oliver por compartir su ingenio, atrevimiento y curiosidad por el mundo y cómo funciona. A mis hijas por seguir siendo fuente de amor infinito. Tiffani por creer en mi. Mi madre por ser siempre una luz de guía. Un agradecimiento especial a Arty, Joel, Jocelyn y Lydia por ayudarme a darle vida a Codey-B.

¡Da vida a Codey-B! Escanea este código con tu dispositivo inteligente a través del libro.

Lanzamiento de Codey-B Intro.

> Utiliza una aplicación de lectura QR o usa la funccion de cámara incorporada con cualquier equipo nuevo.

VOCABULARIO DE CODEY-B

Antes de comenzar la historia, conoce el mundo de Codey-B a través de sus palabras.

1337: "élite". Escrito en "leet speak", en el que Ls son reemplazados con 1s, Es con 3s y Ts con 7s. Procedente de 31337 "eleet".

143: te amo

404: perdido o extraviado.

Activist: persona que hace campaña para lograr un cambio político o social.

Advocate: aquel que defiende la causa de otro.

Algoritmo: proceso o conjunto de reglas que se deben seguir en los cálculos u otras operaciones de resolución de problemas, especialmente por una computadora.

Astronauta de Arquitectura: para resolver algo que parece ser la plantilla de muchos problemas.

Inteligencia Artificial (A.I.): es la capacidad de una computadora o un robot controlado por una computadora para realizar tareas que generalmente son realizadas por humanos porque requieren inteligencia y discernimiento humanos.

cBase: es una base de datos en columnas patentada optimizada para agregar y resumir grandes volúmenes de datos.

Codificación: el proceso de asignar un código a algo con fines de clasificación o identificación.

Analista de datos: un profesional que trabaja con datos para proporcionar información.

Base de Datos: un conjunto estructurado de datos almacenados en una computadora, especialmente una que es accesible de varias maneras.

Descifrar: convertir (un texto escrito en código o una señal codificada) al lenguaje normal.

Dimensión: la medida de algo en el espacio físico.

Drone: un robot volador que se puede controlar de forma remota o volar de forma autónoma a través de planes de vuelo controlados por software en sus sistemas integrados.

Ingeniero: persona que diseña, construye o mantiene motores, máquinas u obras públicas.

Ambientalista: persona que se preocupa o defiende la protección del medio ambiente.

Artilugio: un dispositivo mecánico o electrónico a menudo pequeño con un uso práctico, pero que a menudo se considera una novedad.

Inteligencia: la capacidad de adquirir y aplicar conocimientos y habilidades.

Inventar: crear o diseñar (algo que no ha existido antes); ser el creador de.

Aprendizaje Automático: es el estudio de algoritmos

informáticos que mejoran automáticamente a través de la experiencia.

Multisensorial: relacionado con o involucrando varios sentidos fisiológicos

Out-of-Band: en comunicación, utilizando un medio diferente al actual.

Partícula: es un pequeño objeto o entidad localizada al que se le pueden atribuir varias propiedades físicas o químicas como volumen, densidad o masa.

Acelerador de Partículas: es una máquina que utiliza campos electromagnéticos para propulsar partículas cargadas a velocidades y energías muy altas, y mantenerlas en contenedores bien definidos. Los grandes aceleradores se utilizan para la investigación básica en física de partículas.

Pasión: es cuando pones más energía en algo de lo que se requiere para hacerlo.

Perl Code: es un plan de programación de propósito general lenguaje desarrollado originalmente para la manipulación de texto y ahora se utiliza para una amplia gama de tareas incluido el sistema de administración, desarrollo web, programa de red, desarrollo de GUI, y más.

Física: es la rama de la ciencia que se ocupa de la estructura de la materia y cómo interactúan los constituyentes fundamentales del universo.

Python Code: es un lenguaje de programación interpretado, de alto nivel y de propósito general.

Contaminación: presencia o introducción en el medio ambiente de una sustancia o cosa que tiene efectos nocivos o venenosos.

Portal: una puerta, un portón u otra entrada, especialmente grande e imponente.

Prototipo: un primer modelo, típico o preliminar de algo, especialmente una máquina, del cual se desarrollan o copian otras formas

Cuántico: una cantidad discreta de energía proporcional en magnitud a la frecuencia de la radiación que representa.

Quantum Mechanics: es una teoría fundamental en física. Describe las propiedades físicas de la naturaleza a escala atómica.

Ruby-On-Rails: es un marco de aplicación web del lado del servidor.

Sofisticado: desarrollado para un alto grado de complejidad.

Swiss-Army Chainsaw: una herramienta que es muy versátil pero no es fácil de usar.

Sostenible: método de aprovechamiento o uso de un recurso para que el recurso no se agote ni se dañe permanentemente.

Variable: un elemento, característica o factor que puede variar o cambiar.

¡Zork!: equivocado o engañado en acciones que pueden conducir a circunstancias algo embarazosas.

CODEY  B

Y EL **CÓDIGO PYTHON** >

>TABLA_DE_CONTENIDO

_PRÓLOGO

PAOLO...HOY EN DIA

Hoy estoy caminando por los pasillos del
Laboratorio Hydra Electric, donde todo
sucedió. Me dan escalofríos los recuerdos de
lo que pasó aquí.

¿Alguna vez te has preguntado cómo llegó este
mundo? Qué tan cerca estaban los humanos del
borde de extinción. Los recuerdos aún siguen
en mi venas.

Hola, mi nombre es Paolo. Yo era el conserje en
Hydra Electric por 40 años. Quiero compartir
mi historia de Codey-B y su Código Python. Y
cómo cambió nuestro mundo siguiendo su corazón
y escribiendo su código!

Empecemos desde el principio...

ESCANÉAME

Pon música mientras lees.

> ¡Vamos!

_CAP_1
_EXPLORADORES_DE_ PARTICULAS

Hay una forma de perder a tus padres rápidamente. Hazlos exploradores del acelerador de partículas. Mira, mi mamá Margaret y mi papá Henry, junto con otros científicos, trabajaban frecuentemente hasta altas horas de la noche en Hydra Electric, una compañía de energía alternativa. Chocaron partículas entre sí a la velocidad de la luz. Todo para descubrir nuevas posibilidades energéticas en todo nuestro universo.

Esa ambición e impulso los envió a otra dimensión. Su laboratorio tuvo un mal funcionamiento y abrió un portal a Apeon, que llamamos Tierra 2. Al hacerlo, me dejaron atrás con mi hermano pequeño Jimmy y mi mejor amigo, c3Phifo.   c3Phifo es un robot artificialmente inteligente (A.I),   ¡Pero también un perro gr8!

Eso fue hace cinco años. Hoy hemos logrado viajar en el tiempo con nuestro acelerador de partículas recientemente reconstruido. El acelerador original se autodestruyó. Estamos trabajando para encontrar formas de traer de regreso a mis padres y a los otros científicos.

Code-Base, nuestro hogar, formó un vínculo entre los hijos de los otros científicos. Escribimos códigos y construimos máquinas y robots con la misión de explorar todo nuestro potencial y luchar contra la contaminación y destrucción de nuestro mundo. En mi tiempo libre, cuando no estoy salvando el mundo, estoy buscando a mis padres usando mi código sofisticado.

El profesor Q, nuestro científico principal y supervisor en Code-Base, es el único científico que no desapareció durante el accidente. Ahora su misión principal es encontrar a su equipo y traerlos de regreso.

_CAP_2_BASE-DE_CODIGOS

Hoy Aditi, de El Reportero Sun, fue invitado a Code-Base HQ para entrevistarme sobre mi A.I. y Eco-Bots^{TM}. Mi Eco-Bots batieron dos récords mundiales en el año 2039 ¡Libro de récords mundiales ecológicos! Uno por la mayor cantidad de basura recolectada por una sola entidad en un día y el otro por el impacto mas positivo ambientalmente!

"¡Hola, Aditi! Bienvenido a la sede de Code-Base."

"¡Gracias, Codey! He estado tan emocionado porque finalmente podré conocerte a ti y a tu equipo. Nuestros lectores se han vuelto locos por tus Eco-Bots. Nunca hemos visto tanta emoción desde que el profesor Q aprendió a etender el idioma de los pájaros."

"¡Gracias, Aditi! Ha sido un año interesante."

"Me gustaría comenzar presentándote el equipo. Tal vez le den a tus lectores un pequeño adelanto de nuestros últimos proyectos."

"Me encantaría," dice Aditi.

"Genial, sígueme ..."

"El robot que nos sigue es c3Phifo. Mi compañero de confianza. El invento favorito de mis papás. Él puede transformarse en casi cualquier cosa. Él es tan ¡Perfecto! Y es un analista de datos increíble. Lo acabamos de equipar con tecnología que nos ayuda a mantenernos conectados a Code-Base cuando estamos en misiones lejanas."

"En el laboratorio principal de Code-Base está el profesor Q. El es nuestro mentor, inventor genio y bromista salvaje!"

"Mi favorito invento de él, como sabrás, es su pájaro de oro mecánico, Goldie. Ese es el A.I. robot que le valió un premio por descifrar cómo hablan los pájaros. Uno de los más geniales A.I. robots ¡DE TODOS LOS TIEMPOS"

"En febrero pasado, Goldie creó 117.000.000 tarjetas de eValentine y se las envió al professor Q. Entonces Goldie hizo la misma cantidad de tweets al respecto. ¡¿Puedes creerlo?! ¡El Twittequette!"

"Hace una semana, el profesor Q convirtió su coche en una rosquilla de gelatina gigante. ¡Si! ¡Una rosquilla de gelatina!"

"Goldie y el profesor Q forman
una gran pareja."

"¡Hola, profesor Q!"

"¡Hola, Codey!" dijo el profesor.

"No nos gusta molestarlo porque siempre está un poco fuera-de-banda."

"En el ala oeste de Code-Base, tenemos nuestros talentosos codificadores, Mayra y Seiko. Estos humanos están trabajando en un prototipo para nuestros relojes multisensoriales. Es el dispositivo mas genial de todos los tiempos! Informa de todo, incluso huele, como pedos de perro! Sí, ¿te imaginas? !Zork!"

"¡Hola damas!"

"¡Hola, Codey! ¿Estás emocionado con los nuevos relojes inteligentes? Están literalmente fuera de ¡este mundo!" rió Mayra.

"¡Estoy listo!"

"Debajo del capó, esos dispositivos están literalmente fuera de este mundo. En serio, ciertas partes provienen del asteroide OE99 que cayó en nuestro edificio y rompió el techo. Hombre, fue complicado arreglar."

"La semana que viene buscarán nuevos rubies

para sus dispositivos. Y conocer a Ruby-on-Rails especialista para discutir sus nuevos y emocionantes proyectos."

"Bimi y Keith están al lado de ellas. Estos jóvenes están trabajando en los drones robóticos que limpian plásticos de zonas contaminadas alrededor del globo. Es un gran problema, pero estos chicos están ¡en eso! El lenguaje de codificación Perl es lo que usan para sus drones."

"Como puedes ver, están inundados y enfocados. Compatible con error por error."

"El pequeño que está ahí arriba atornillando el robot Henry II es Jimmy, mi hermano pequeño. El disfruta desbaratar y armar los robots. A veces lo llamamos Jimmy Smash."

"¡Hola, Jimmy!"

"Gracias, adios," dijo Jimmy.

"A veces es un poco raro."

"El cuerpo de moda que ves moviéndose por todos lados. ¡Esa es Ace! Ella es nuestra gerente de proyecto y especialista en cbase.

Ella se asegura de que nos mantengamos a tiempo. Y que lo hagamos con Estilo."

"Finalmente, nuestro grupo A.I. projecto robótico Henry II. Le puse el nombre en honor a mi padre. Todo el equipo ha estado construyéndolo durante más de tres años. Una vez que tome vida, será ¡el ecologista más inteligente del planeta! Nosotros esperamos utilizar su algorithm de datos único para elaborar planes y estrategias para limpiar nuestro mundo. Empezamos con nuestra zona contaminada más cercana en Angel City, Calicopia."

"Esperamos que cuando activemos a Enrique II; él pueda ayudarnos a pensar en nuevas formas de navegar y limpiar todas las zonas contaminadas alrededor del mundo.

"X-Parta, nuestra agencia espacial, donó piezas especializadas para Henry II. Entonces nosotros lo cargamos a la base en Internet de datos sobre contaminación, junto con miles de las bases de datos ambientales de los científicos. Limpiar nuestro planeta es la misión 1337.

"Cuando Henry II se encienda, por favor averigüen ¡una forma de ayudar también a los animales que sufren!" gritó Mayra.

"Por si no lo sabían, ella es una gran defensora de los derechos de los animals," dice Codey.

"Ese es nuestro equipo en pocas palabras, y nuestro hogar, Code-Base."

"¡Increíble historia Codey! Tienes algo especial aquí. Del reportero Sun y nuestros lectores, queremos agradecerles por lo que están haciendo por esta ciudad y nuestra tierra."

"Gracias, Aditi. ¡Estamos locos de alegría!"

"De nada," dice Aditi.

"¡Gracias, adiós!" dice Jimmy corriendo junto a nosotros.

_CAP_3
_LA_MAÑANA_SIGUIENTE

La mañana después del accidente de mis padres, cuando nos enteramos acerca de mamá y papá, mi abuela nos despertó a Jimmy y a mí para decirnos que hubo un accidente en el laboratorio de nuestros padres. Dijo que nuestros padres y su laboratorio habían desaparecido. Esa misma mañana, el profesor Q, el mejor amigo de mi padre, se acercó y trató de explicar lo que había sucedido.

"¡Todo sucedió en un instante, Codey! ¡¡Todo el laboratorio desapareció !! Ellos estaban trabajando en un experimento, y algo salió mal."

El profesor Q fue el único científico que no desapareció en la explosión de partículas. El estaba afuera jugando con Goldie. Todo su equipo del laboratorio se desvaneció en otra dimensión.

"Codey, nuestros rastreadores nos dicen que aterrizaron en Apeon, Tierra 2, al otro lado del universo. No tenemos idea de cómo recuperarlos."

Quince científicos desaparecieron ese día. Descubrimos una manera de comunicarnos con ellos a través de nuestra linea cuántica usando un codigo A.I.

```
"def getGPS (HM)
print (¿Mom? ¿Dad? ¿Están ahí? 143.)"
```

Buscamos una línea clara. Luego les dejamos a cada uno mensajes codificados.

```
"~
  ~
  ~
pass
#confirmar. 33.3"
```

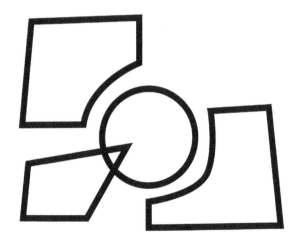

_CAP_4
_MI_PRIMERA_LINEA
_DE_CODIGO

El último día que pasé con mamá y papá, el cabello de Jimmy estaba fuera del cochecito de bebé como si lo hubiera alcanzado un rayo. Solo tenía un año.

Mamá y papá nos llevaban a Hillside Street Park junto a la bahía. Papá acababa de activar c3Phifo, nuestro nuevo robot mascota, y lo trajo con nosotros al parque. Ese fue el día en que papá me enseñó a codificar. Yo solo tenía cinco años. c3Phifo se construyó con piezas recicladas. Todavía recuerdo el sonido de los barcos en el río y la basura chocando contra ellos.

La forma en que transformaba las piezas recicladas antiguas en nuevos robots era fantástica. Nunca fue un momento aburrido. Me encantaba verlo y escucharlo. Sus prototipos estaban realmente fuera de este mundo.

Mis padres se tomaban el tiempo para enseñarnos todo tipo de cosas. Durante la cena, hablamos de muchos temas. Respondíamos preguntas como: ¿Por qué los humanos contaminan? ¿Por qué es importante comer sano? Algunas de las preguntas esenciales de la vida.

Mi última conversación con papá se me quedó grabada. Él estaba explicando la codificación. Le gustaba decir

"Es como magia. Primero, crea tu algorithm, que establece las reglas para tu código. Luego escribe tu código."

"Finalmente, terminas con un código que podría hacer cosas muy mágicas. Puedes programar computadoras escribiendo software para hacer muchas cosas. Me gusta enseñarle a mis Robots A.I. mi personalidad para adaptarlos como mis amigos. Se convierten en tus compañeros leales y saben lo que te gusta."

"Es como la poesía," decía.

Así aprendí a escribir mi primera línea de código.

imprimir("Hola Mundo")

Comenzando con mi algorithm. Luego aprendí mi primera variable.

Una variable es un símbolo, como una X, para describir cualquier valor que puede cambiar.

"¿Cuándo aprenderá c3Phifo a hablar conmigo, papá?"

"Eso es fácil, hijo. Primero, tenemos que convertir tu nombre   en una variable."

"¿Una variable?"

"Una variable es como una caja que contiene números, palabras o incluso pequeños fragmentos de códigos. Cuando se ejecuta el código, se abre la caja y lo usas. Mira esto."

> miNombre = " "

miNombre es una variable. Ahora escribe tu nombre entre comillas.

> miNombre = "Codey-B"

"Bien, ahora ejecutemos este código con el el resto."

Python Code: miNombre = "Codey-B"
           imprimir("Hola, ",miNombre,"!
           Juguemos un juego divertido!")

Esa fue mi introducción al código, Python code.

"¡Haz que el código sea divertido y funcional!" Dijo papá.

ESCANÉAME

¡Aprende a ser como Codey-B!

_sin_nombre_

_CAP_5_CIUDAD-PYTHON

El profesor Q. nos ha estado cuidando desde el accidente. Nos ayudó a crear Code-Base donde experimentamos y probamos nuestros inventos. Al otro lado de nuestras oficinas él está reconstruyendo el nuevo acelerador de partículas. Está intentando recrear el experimento que creó el portal durante la explosión del laboratorio, con nuevas medidas de seguridad por supuesto. Espera que la puerta del portal se vuelva a abrir para poder regresar a casa a su equipo.

El secreto que se utiliza para el acelerador de partículas es conectar y rezar. Ahora entiendo su poder y dónde y cómo se llevó a mis padres. Me he convertido en un hábil codificador e inventor y todo un explorador.

Por la noche, he estado experimentando en secreto con el acelerador de partículas. Abrí portales a diferentes mundos. Los exploro con seguridad, y regreso. Una puerta me llevó a un lugar llamado Python City. Donde me encontré con la serpiente parlante, JoeE.

"¿Hay aaaaaalgo que estássss buscando?"
dijo JoeE.

"Estoy buscando estas coordenadas."
dijo Codey.

Le indiqué a c3Phifo que mostrara el mapa.

"Debes eeeeeestar buscando el portal
ssssssssservidor, sígueme."

Mientras caminábamos por lo que parecía ser una selva tropical. No pude evitar notar el surgimiento de más criaturas extrañas y brillantes.

"Debe sssssssser en una de eeeeeestas puerrrrrrrtas.
¿El mennnnnnsaje tenía algo mmmmmas?"
Dijo JoeE.

"Sí, tenía este código."

```
> nombre = "Codey-B"
        imprimir("hola" + nombre)
si bien es cierto:
        if gpio.input("Hola Codey-B"):
        imprimir("La puerta está abierta")
        tiempo.dormir(10)
        if gpio.input(11) == falso:
        imprimir("la puerta esta cerrada")
        tiempo.dormir(2)
```

"Síííííí, esa es la llave para desbloquear la puerta. Esta puerta solo estará abierta por 10 ssssegundossss".

Código activado. La puerta se abre y yo envío a c3Phifo a comprobar la temperatura ambiente y la seguridad.

"¡Todo claro!" dice c3Phifo.

Lo sigo con cautela por una cueva oscura.

"c3Phifo, encuentra un lugar para conectar el sistema."

```
if nativo_código==apeon
        imprimir("GPS localización")
```

"¿Dónde están? Mamá. Papá."

Mientras ejecuto mi código; la cueva se ilumina de verde.

"Este sistema es similar a la interfaz en el laboratorio con el profesor Q."

"Si tan solo pudiera descifrar este código."

```
demás:
        imprimir("CB + HM")
```

"¡Boom!"

"¡¿Mamá?! ¡¿Papá?!"

Se produce un video distorsionado en la pantalla.

"c3Phifo, espero que estés grabando esto."

"¡Codey! Nuestro código para contactarte no funcionó. Mamá y yo tenemos que irnos de vuelta a la mesa de dibujo. Guarda este código, "self.human = love." Úsalo para Henry II. Le dará nuestro corazón humano. Tal vez pueda ayudarnos a regresar."

"No puedo distinguir el video."

La pantalla se queda en blanco.

"c3Phifo vamonos. Tenemos trabajo qué hacer."

Pongo las coordenadas de Code-Base en c3Phifo. El se convierte en un tablero flotante.

"¡Es hora de montar!"

_CAP_6_EL_COLIDER

"Henry, estamos recibiendo lecturas extrañas en esta última ejecución de Collider," dice Margaret, la mamá de Codey.

"Margaret, ¿qué está pasando?"

"Cuando las partículas chocan, normalmente crea una explosión, pero esta vez, varias se están formando a su alrededor. Parece estar CRECIENDO!"

" ¡APÁGALO!"

"¡El sistema de refrigeración está fallando!" Dice uno de los científicos!

"Esto no se ve bien," dice Henry.

"¡NOOOOOOO!" grita Margaret.

Los otros científicos comienzan a entrar en pánico.

Todo se desvaneció.

_CAP_7
_CUESTIONAR_TODO

Los últimos años han sido un desafío para mí. Mi mejor amigo, mi padre y mi hermosa madre desaparecieron en otra dimensión. A veces me siento solo, pero c3Phifo parece levantarme cuando me siento mal. Fue entonces cuando me di cuenta de que los robots y la inteligencia artificial serán una gran parte de mi destino. Ahora construyo robots que cuidan a las personas. Como lo hace c3Phifo conmigo. Ese fue un gran regalo que me dejó mi padre.

Ahora mis robots y yo estamos arreglando el planeta y ayudando a la gente paso a paso. Hago esto no solo por la gente en la tierra, sino también por los animales. Mi esperanza crece por enseñarle a mis robots a mantener el auto aprendizaje y ayudarme a continuar mi lucha por crear un mundo mejor. Y con suerte, encontraré a mis padres en el proceso.

Navegar por la vida con confianza me ayudó a desarrollar y tener mi propia flota de Eco-robots. Los he estado enviando a limpiar la ciudad.

"¡Ve, amiguito, sal y limpia!"

"¡Hey chico!" grita un oficial de paz.

"¿Que es esa cosa?"

Me asusté al principio.

"¡Son mis Eco-robots y recogen basura!"

"¡Vaya, esos pequeños robots son increíbles!"

Mientras el oficial de paz miraba asombrado,
mi casco de astronauta de arquitectura se desprendió,

"Soy triunfador, pero "¿Por qué me siento 404?"

c3Phifo me huele, menea la cola y me empuja con
su nariz. Me hace sentir normal de nuevo.

"Gracias por ser un gran compañero,
    c3Phifo. Gracias por ser mi mejor amigo."

Es necesario analizar tu vida. A medida que crezco
y aprendo, tiendo a cuestionar al mundo que me rodea.
Aprovecho mis experiencias y construyo robots solidarios
usando códigos. Todavía tengo mucho que aprender.

regreso subproceso.llamada(mando) == Codey-B

"¿Quién me está enviando un mensaje?"

"Codey. Sé que es difícil para ti, hijo.

Descansa, ten la seguridad de que estamos trabajando incansablemente para llegar a ti. Te quiero, papa..."

"Swiss-Army chainsaw! Code-Base mensaje."

```
if response == 0:
        imprimir Code.Base, '¡vuelve a
        casa!'
demás:
        imprimir Code.Base, 'Hola Codey-B'
```

Por eso cuestiono todo. Aunque me sienta solo a veces, obtengo un control de la realidad del universo. Ese fue el momento en que me di cuenta de que la gente de Code-Base también es mi familia. La vida es buena.

"Ahora, ingresemos el código que papá me dio".
        'human = love'

"¡Zomg!"

Los ojos de Henry II se encendieron.

_EPÍLOGO

PAOLO...MÁS TARDE

Nadie se dio cuenta de lo que Codey-B estableció
en movimiento ese día. En el momento que puso el
nuevo código Henry II; él puso la tierra en una
nueva realidad DE UNIDAD. El día que Henry II fue
encendido.

La historia continúa en Libro 2, Codey-B y el Experimento Henry

ESCANÉAME

Reserva el libro 2 y la posibilidad de GANAR una copia firmada.

_¡Unete al juego!

Juega el juego Codey-B
para ganar premios especiales.

www.ingramcontent.com/pod-product-compliance
Lightning Source LLC
Chambersburg PA
CBHW051125050326
40690CB00006B/803